제라하게

제라하게

2023년 12월 14일 초판 1쇄 인쇄
2023년 12월 28일 초판 1쇄 발행

지은이 | 김양희
펴낸이 | 孫貞順

펴낸곳 | 도서출판 작가
       (03756) 서울 서대문구 북아현로6길 50
       전화 | 02)365-8111~2 팩스 | 02)365-8110
       이메일 | cultura@cultura.co.kr
       홈페이지 | www.cultura.co.kr
       등록번호 | 제13-630호(2000. 2. 9.)

편집 | 손희 김치성 설재원
디자인 | 오경은 박근영
영업 | 박영민
관리 | 이용승

ISBN 979-11-90566-73-5 03810

잘못된 책은 구입하신 서점에서 바꾸어 드립니다.

* 이 도서는 2023년도 한국문화예술위원회 아르코문학창작기금(발간지원)
  사업에 선정되어 발간되었습니다.

값 12,000원

제라하게

김양희 시집

작가

■ 시인의 말

구부러진 터널은 끝을 보여주지 않는다.

2023년 겨울
김양희

차례

시인의 말

1부

앞발로 뒷발은 15
지금 이 속도가 좋다 16
여운형 17
부추꽃만 한 자리 18
무빙 19
우리 앞에 머무는 시각 20
말끔이나마 21
유리구두 22
왈 23
혜화동 벽 1번지 24
박수기정 관점 25
그 겨울의 뿔 26

2부

세렝게티 29
따라비오름 30
비둘기낭폭포 31
울음스위치 32
이빈 33
코닥 필름이 찍은 섦 34
일어서는 법 35
알뜨르비행장 36
고집의 끝 37
만두를 빚으며 38
첫 매화 39
지원불가를 받았다 40

3부

줄 43
가족사진 44
혜윰을 걸어 두고 45
산에서 산이 46
사람이라고 똑같지 않아 47
이 질량으로 충분하다 48
징검등 49
원담 조약 50
롬바드 스트리트 51
바람 낭떠러지 숲 52
아홉사리재 53
제라하게 54

4부

묘미 57
나는 드로잉이 제격이다 58
작약 59
반목 60
가회동 꽃집 골목 61
달랑게 62
붉은 지붕 63
(주)광장토스트 64
가로수 65
느리고 가장 긴 노래 66
닿는 길 67
소리의 옆모습 68

5부

시간을 흘리고 71
요세미티공원 72
풀어음 73
호국사 74
이상의 집 75
건축학개론 76
전상누각 77
신운사 곤줄박이 78
턱시도고양이 79
디스크 탈출 80
가상 분리대 81
껍데기 특수부위 82

해설
구부러짐의 시학_신상조(문학평론가) 85

1부

앞발로 뒷발은

창유리 한복판을 노린재가 기어오른다

유소유 허허벌판 무소유 뿔 세우고

앞발로 길을 내면서 뒷발은 길 닫으며

지금 이 속도가 좋다

그림자로 펼치는 설치미술가 구름이
지표면 군데군데 작품을 드리운다

장광설 다 생략하고
작가 마음 그대로

지나간 그림자는 돌아오지 않는 재료
모두가 다른 시각 모두가 다른 걸음

구름은
지구를 누비며
늘 첫 작품을 내건다

여운형

두 발의 총탄이 몽양을 관통했다
대범한 기개가 대로에서 멈추었다
푸른 피 흥건한 산하 사라져 버린 미래

혁명가는 침상에서 죽는 법이 없다*
좌우합작은 시대를 쓴 그의 정신
벌어진 틈서리에서 회색바람이 인다

비 젖은 표지석과 우산을 함께 받는다
나라는 이름으로 나라에 가닿기 멀어
혜화동 로터리 돈다 갈음할 수 없는 날

*여운형 어록

부추꽃만 한 자리

곰탕 골목 난전에 전대 찬 나주 아낙
도독한 천 원짜리 까만 손톱이 넘긴다
알토란 껍질을 벗겨 서너 됫박 넘긴 품

요즘은 통마늘 거들떠도 안 본당께
손톱 밑 쓰라려도 뽀얗게 까 놔야제
돈 까고 돈을 벗겨도 맨날 곰탕집 문간 옆

무빙

숨결은 여전히
한라산 오르내리다

날숨이 한순간
가지에 얼붙었다

너에게
가던 내 말도
이내 얼어붙었다

우리 앞에 머무는 시각

이제 막 포슬눈이
흩날리는 저물녘

카페 벽에 달라붙은 여름을 바라본다
마음이 사라져 버린 풀잠자리 민허물

예전 외출하듯
걸어둔 얇은 외투

다시금 차려입을 온기를 기대하며
예보된 폭설 속으로 숨이 흠뻑 묻는다

말끈이나마

뒤란에 토란 심으며 엄마와 약속한다
토란꽃 활짝 피면 꼭 보러 와야 해요
그러마 그때가 되면 무슨 일이 있어도

엄마는 알고 있다 불러도 못 올 걸
토란도 알고 있다 혼자서 피고 질 걸
알면서 보고 보자고 말끈이나마 꼭 쥔다

유리구두

검정 재킷 스커트 시폰 흰 블라우스
새로 산 뾰족구두에 겨우 밀어 넣은 발
발처럼 끼어서라도 들어가자 타워로

회전문 나서는데 따라붙은 면접 답변
하지 말 걸 그랬어 그건 잘한 것 같아
어쩌지 더는 못 참겠다 발가락 죄는 구두

꽉 끼는 유리구두 단박에 깨버리고
맨발로 활보하는 비탈진 보도블록
아픈 건 발뿐이기를 발도 아프지 않기를

왈

나 이제 참새와 말을 트고 사는 사이
모든 의미 갖춘 한 음절 짹짹으로
언어가 왕래 못해도 속마음 알아챈다

베를린 미용실 독일어 깜깜인 내가
비슷한 여인과 눈치말로 수다를 떤다
전 세계 아줌마들은 다 통하네, 민주 왈!

혜화동 벽 1번지

빌라 옹벽에 붙어 제비꽃처럼 핀 집

기와 비닐천막 그물망 폐타이어

깨진 독
녹슨 자전거
엎딘 화분
딱새 떼

박수기정 관점

마그마 더운 피가 파도에 굳어버렸다

한라산 울분이 송두리째 엉겨 붙었다

난드르 그 갯바위가 드러났다 잠겼다

날 세운 마음을 날 선 바위로 갈아내면

울분도 더운 피도 바람에 모두 불리고

게으른 사내의 평화 잠겼다 드러났다

그 겨울의 뿔

까만 염소에 대한 새까만 고집이었다
힘깨나 자랑하던 뿔에 대한 나의 예의
어머니 구슬림에도 끝내 먹지 않았다

염소의 부재는 식구들의 피와 살
살 익은 비린내에 입 코를 틀어막았다
엊그제 뿔의 감촉이 손바닥에 남아서

그 겨울 식구들은 감기에 눕지 않았다
고집을 부리던 나도 눈밭을 쏘다녔다
염소의 빈 줄만 누워 굵은 눈발에 채였다

2부

세렝게티

새끼 잃은 누 떼가 느린 바람으로 간다

이따금 응시하는 젖은 눈망울 언뜻

부시다
흰 보복 너머
대자연을 켜는 빛

따라비오름

역한 냄새 피하여 그림자도 숨기던
갈옷 입은 바람이 휘적휘적 오른다

억새 붓 휘두르면서
그날을 다시 쓴다

응어리진 섬에서 말문을 걸어 잠근
폭낭 먹쿠슬낭 흰 바당 검은 할락산

돌담이
와락 허물자
글머리 툭 터진다

비둘기낭폭포

가끔은 뜻밖에 절정과 맞닥뜨린다
하늘다리 길목에서 부르는 물의 노래
폭포수 날아오르며 공중이 쨍 깨지는 낮

앙증맞은 둥지에 비췻빛 물을 깔고
비좁은 바위틈이 물의 낯을 부화한다
새 숨이 솟구쳐 올라 고비를 벗은 비경

햇발에 흔들리는 물사래가 닿으면
탁 터져 우렁찬 아기 첫울음처럼
시작은 소리가 난다 줄을 퉁기는 비류

울음스위치

한밤중 매미가
소리 빛에 감전됐다

온도에 현혹되어
날개를 훅 태웠다

날 것은
날개가 심장
사이렌이 멎는다

이빈

널 보내고 오는 길 너 숨긴 달을 만났다

반쪽을 잃은 하현 네 한쪽처럼 웃었다

빛나는 별 둘이 총 총 그의 뒤를 따랐다

뒷달이 되어버린 널 찾아 두릿거린다

차올라도 이지러져도 보여주지 않는 면

아 멀다 귀잠에 빠진 널 깨워야 하겠는데

코닥 필름이 찍은 섬

여든여덟 엄마는 열여덟 그 바다로
테왁도 망사리도 소중이 눈도 없이
밤마다 물질하러 가 소라 전복 찾는다

엄마에게 물질은 바다보다 깊은 숨
날마다 찾아내고 또 꿈마다 보아도
큼직한 눈앞의 전복 비창이 닿지 않아

열두 길 들어가니 저승문 분명타는
해녀 노 젓는 소리* 파도처럼 부르면
흐리고 삭아 내리다 되살아나는 저 섬

*해녀노래, 제주특별자치도 무형문화재 제1호.

일어서는 법

질풍에 맞서다 주저앉은 벼 포기를
움큼씩 끌어 모아 피라미드 세운다
벼와 벼 기둥 되어야 된바람을 넘긴다

너울에 휘둘리며 한림항 정박한 배
옆구리와 옆구리 밧줄로 틀어 맨다
배와 배 끈이 되어야 싹쓸바람 넘는다

알뜨르비행장

눈도 코도 입도 귀도 없는 아이와
눈도 코도 혀도 귀도 없는 파랑새

이래도
우린 괜찮아
알아볼 수 있잖아

갈아엎은 활주로에 발 묻은 무꽃무리
전장에 스러져 간 평화를 세우면서

그래도
우린 괜찮아
이 세상에 서 있잖아

고집의 끝

미처 글러브도 없이 특설 링에 세워진
나는 누구인가 여긴 또 어디인가
세상은 해답 대신에 주먹부터 날린다

젠장, 이런 라운드 오르려고 올랐어
푸넘이듯 잽 잽 항전이듯 어퍼컷
한 방에 때려눕히란 턱도 없는 주문을

사각의 링이면 벌써 누워 버렸지
몇 방 들어오고 멕이는 거 별거 아냐
흰 수건 내던지지 마 끝까지 가 보겠어

만두를 빚으며

만두의 최선은
입술 꽉 다무는 것

미세한 무관심도
치사량의 날구멍

들끓는 물고문에 져
허위 자백하지 마

첫 매화

저리 벌건 저녁은 아직 보지 못했다

삭을 대로 삭아 병상이 텅 비던 날

노을이 허리춤에 둔 아버지를 못 찾아

그 며칠 붙들려고 주치의 처방 따라

미음 한 숟가락 물 한 모금 금기하다

땅거미 풀리고 나서 푸짐히 차린 곤밥

지원불가를 받았다

포구 문학제에 정말로 다녀갔소?

돌가시나무 새싹이 악을 쓰며 달려들 때 포구 문학제에 참가한 회원 대상 왕복 항공권이 제시된 경우에만 초청 여비 지원 심사하겠소 제 날짜에 도착 항공권 있으나 출발 항공권 없소 출발 항공권 있으나 도착 항공권 없소 출발·도착 항공권 날짜 늦소 출발·도착 항공권 날짜 빠르오 모바일 항공권은 유령 출발·도착이요 관공서법 증빙자료는 아날로그만 적용되오 험난한 지원정책에 훌륭한 검토 결과요

보시오, 포구 문학제 정말로 다녀왔소

3부

줄

눈 못 뜬 열두 마리 어미젖에 매달린다

휘돌아가는 곡릉천에 논밭이 매달린다

어둠을 벼린 달빛에 골목길이 매달린다

가족사진

식탁 위 수저 한 벌
덩이진 밥 떼어낸다

잎사귀 떨군 나무
얼비치는 유리창에

밥보다
더 차지게 엉긴
오래된 가족사진

혜윰을 걸어 두고

창가에 펼쳐 놓은 산 능선 붉은 뜨락

가을 기둥 기대어 슬며시 저뭅니다

소나무 뛰노는 심장 바람으로 들으며

하마터면 거미는 내릴 역 놓칠 뻔하고

팔작지붕 처마로 푸른 꿈이 스밉니다

들찔레 깡마른 가시 그만 뭉개버리고

산에서 산이

산 중턱 부처가 장대비에 흘러내렸다

맥없이 아래로 고대 무너지시니 아무런 대책 없이 그냥 쓱 가버리시니 뭐라고 한마디 할 틈도 안 주시니 그러니 어떻게 해 볼 도리 없었지

무심한 하늘을 보며 산은 또 중얼중얼

사람이라고 똑같지 않아

캐나다 인디언 윈다트 부족 사내들은
사냥감을 쏘기 전 왜 죽이려는지 고해
죽어도 제대로 사는 일 무엇인지 알리지

짐승 잡아먹을 사람이 누구인지
죽이지 않으면 어떤 어려움 겪는지
간곡히 설득하면서 방아쇠를 당기지

고기와 가죽이 꼭 필요한 까닭 알면
목숨을 너그럽게 내놓을 걸 믿고 있어
나 오늘 이 대목 접어 마음에 꽂아두겠어

이 질량으로 충분하다

붉디붉은 노을이 들불처럼 번진다

구름에 파묻어 둔 말들이 타고 있다

타다가
남은 말로도 살기에 충분하다

징검등

한 무리 산양이 절벽을 건너뜁니다

늙은 등 징검다리 어린 굽이 지르밟고

도약을 받친 낙하가 가문을 지켜냅니다

건너간 초원에선 무성히 풀 뜯는 소리

다음 벼랑 만나도 차례 없는 차례로

공중은 부양 구름판 등덜미 떠받칩니다

원담 조약

썰물에 나가라
밀물에 나아가라

폭풍의 힘을 딛고 가야 할 낯선 곳으로

돌그물
찢어도 좋다
문호를 개방한다

롬바드 스트리트

파스텔 빛 자욱한 꽃송이 언덕에서
바다 안개 마시는 수국을 지나가요
이곳도 시작 전에는 꽃길이 아니었죠

산길보다 가팔라 외면하던 비탈은
꽃이 왕창 덮이며 명소로 자라났어요
선구자 익은 생각이 그 바닥에 뿌려져

타국 꽃 숲에서 한주먹 딴 씨앗을
맴도는 생각씨와 꼭꼭 눌러 심어요
잘 여문 상상 한 다발 만발하길 바라며

바람 낭떠러지 숲

사막은 아무데나 오아시스 펴지 않아
빗물을 쟁여도 숨 턱 치받는 남방한계
바람만 해석할 수 있는 낭떠러지에 꾸렸지

햇볕을 포장하여 바닥으로 보내면
뿌리는 언제나 영상권에 머무르며
눈밭에 초록을 출력 계절을 뛰어넘지

그날 폭염에도 숲은 외려 평온했고
짜증이 발을 걸어 휘청거리는 어깨를
납작한 잎들이 모여 그림자로 토닥였지

절벽 틈바구니 절박한 살림살이
겉껍질 보면서 그 속을 짐작하다가
뾰족한 수라도 쓸까 사는 게 바람인데

아홉사리재

옥수수 익는 냄새 산마루에 고인다

인제와 홍천이 맞닿은 아홉사리재

이따금 터지는 비꽃 생기가 돋아난다

발아래 지우는 안개바람 불어오면

햇살이 밀어 올려 다시 내는 구불 길

고립이 나를 기울여 천천히 따라낸다

직통에 밀려난 사리사리 고갯길에

퇴직한 가장이 문을 연 천막 카페

별들이 밤마다 내려와 쓸쓸, 을 구부린다

제라하게

어머니 오늘도 책 하영 읽었수광

오게 우리 딸 시집도 읽고 성경책도 읽었쩌 니네 키우명 덮어놨던 책 보젠허난 눈도 아프곡 머리도 지끈거리곡 오죽 곱곱헌 말이가 경허여도 읽엄시난 재미정 소리내멍 읽엄쩌 소리내영 읽다보민 나 말고 꼭 누게 이신 거 닮아 당신 목소리에 당신이 기대어 사시는구나 책 읽으멍 하영 배왐쪄게 남헌티 더 잘 허여사켜 엉턱도 부리지 말곡 이 나이에 무신 부릴 엉턱이나 이시냐마는

책 보멍 제라하게 좋은 건 시간이 어떵 감신지 몰람쩌

4부

묘미

나로 살고 있을까
역할로 사는 걸까

결명자 애를 녹여
생명주 물들이며

다 좋다
바라던 색이어도
의외의 색이어도

나는 드로잉이 제격이다
– 툴루즈 로트레크

섬세하게 붓질할 여유가 없었소
주어진 시간을 재빨리 묘사하려면
핵심을 찔러야 했소 생략은 명쾌하게

한눈에 스캔하여 와락 끌어당겼소
까만 망토가 두른 머플러 빨강 같은
특징을 콕 찍어내어 단박에 낚아챘소

그리며 생각하고 생각 못 한 걸 그렸소
캉캉춤 추는 댄서 예민한 발끝 같은
표정을 놓치지 않았소 웃음 속의 울음들

작약

노란 술 모여들어 기억을 낱낱 붙여
해마다 그 자리에 흙이 쓰는 에세이

대지는
붉은 자모음
유려하게 펼친다

반목

피해와 혜택 사이
그늘로 드리우는

회양목 둥근 아름
반동가리 났네요

이웃한 나무울타리에
앙갚음을 하듯이

단순한 재잘거림
잘라낸 거라고요?

믿음을 뭉텅 잃고
지저귀는 어치들

미움도 순을 지르면
더 무성해지는 걸

가회동 꽃집 골목

모퉁이 돌아서다 와인병이 깨졌다
시금한 백포도주 보도블록에 흥건했다
참다가 정말 못 참아 주저앉은 그 여인

서둘러 시멘트가 체액을 쓸어 담았다
단 한 입자마저 누가 알아채기 전
지금껏 믿을 수 없다 헛것을 보았는지

터지는 소리도 바스러진 와인병도
발각되지 않았고 고발한 사람도 없다
젖으며 번져나가던 네가 거기 있었을 뿐

달랑게

나무며 꽃을 훔쳐 달아나던 태풍이
바위를 부수고 육지 턱도 허물었다

앞장선 빗물에 젖어
부르튼 굴뚝나비

심해를 갈아엎은 된바람의 저력에
잎 피는 속도로 시간이 기어갈 때

뒤집힌 뻘밭을 차고
일어서는 달랑게

붉은 지붕

결국 고양이는 고양이 패턴대로
신이 작정하고 빚어낸 생물체

어쩌다
태어나보니
길거리 슬픔덩이

별똥별 향기로 온몸을 닦아내며
핏줄이 핏줄을 당기는 묘연한 울음

소리가
어둠을 찌른다
허를 마구 자른다

(주)광장토스트

슬러시 머신 속 식혜 밥알은 빙빙 돌고
번철 위 서툰 버터 조급히 녹아내리고
달포 된 숙녀 사장은 입꼬리가 떨리고

용기를 부치고 끈기를 궈내봐요
설탕 케첩 뿌려 희망을 다져봐요
일손도 프라이처럼 야물어질 거예요

별 기업 뿌리치고 광장에 내린 뿌리
노점 포장 지퍼로 새벽을 열다 보면
지퍼가 길이 날 무렵 딴딴해질 거예요

가로수

아무도 몰랐다 속이 녹아내리는 걸

그러면서 해마다 푸른 잎 무성히 달고

아버지 그 이름으로 그늘을 드리웠다니

느리고 가장 긴 노래

잦아드는 숨결이 마지막 머무는 방

제일 늦게 닫히는 청각을 위하여

귀 익은 벽 스피커가 노래를 부릅니다

두려움 녹여내며 흘러내리는 선율이

먹먹함 스케치하는 호스피스 병동에

느리고 가장 긴 노래 그치지 않습니다

닿는 길

느닷없는 폭우에
뒤틀리는 백사실천

돌을 넘어갈 땐
돌대로 휘감기고

모래밭 지나갈 때면
모래알로 굼실댄다

터지는 포말 꽃
꿈 그림자 드리우고

경쾌한 수면은
하늘빛을 퉁겨낸다

흐르며 멈칫거리며
서로에게 닿는 길

소리의 옆모습

놋황색 벼이삭 왕겨가 활짝 열렸다

마당을 비운 새 감쪽같이 사라진 알곡

참새가
달콤한 수확
모조리 까먹었다

한 줌 쌀로 밥할까 증편을 쪄 나눌까

갓 핀 벼꽃이며 이삭에게 건네던 말

불시에
우선권 뺏기고
혼자 주절거린다

5부

시간을 흘리고

밥 먹다 흘리는 날
점점 더 많아진다

할 말도 흘리고
들은 말도 흘리고

날마다
너를 흘리고
흘린 줄도 모른다

요세미티공원

컵라면 햄버거
때늦은 점심상에

야생벌 한 마리가
빨대를 들이댄다

제 목숨
담보로 하는
도시락인 줄 모르고

눈치에 달라붙어
암팡지게 먹는 벌

흡사 머나먼 이국
무전여행 숨붙이 같아

라면이
불어터지도록
바라만 보고 있다

풀어음

6인 병실에서 소 울음 건너온다
평생 쟁기질로 이골이 난 황소들
첫 새벽 밭을 향하다 외과 병동에서

줄을 놓쳐버린 악몽이라도 꾼 걸까
웃음인지 울음인지 분간 못한 송아지
선잠 깨 왕눈 꿈뻑이다 곁 따라 소리한다

호국사

무명의 용사가
연꽃에 잠들었네

창도 방패도 없이
누비던 여름 전장

툭, 지네
일별을 실은
마지막 꽃잎 한 척

이상의 집

서촌을 찾아갔다 그가 기다릴 듯해
잠시만 비운다는 또렷한 쪽지 한 줄

이 친구
어딜 가셨나
서가 등 밝혀두고

제비 다방에서 미쓰코시 옥상으로
잠깐 비운 자리 아주 비운 자리

존재와
부재 사이에
잠시라는 유리창

건축학개론

1
까치가 물어다 나무에 올린 첫 가지
바람과 조율하다 균형이 삐끗하면
아귀가 맞을 때까지 거듭 집어 올린다

2
높바람 불어와야 비로소 집짓는 까치
모진 바람 이겨낼지 바람 칠 때 아니까
목련꽃 단지에 앉힌 난공불락 철옹성

전상누각

소음이 사라진 냉장고가 흘러내리고
색색깔 또렷하던 컴퓨터는 암흑지대
정전이 삼켜버릴 때 원시 속에 빠졌다

한 컵 걸러진 물, 라면 한 개 끓일 불
습관이 켜는 등, 의식이 누르는 버튼
문명은 한 가닥 선에 매달린 電上樓閣

공중을 배회하던 전류가 돌아오자
빛과 소음으로 활동하는 문명의 이기
비로소 너도 살았다 대정맥 꿈틀댄다

신운사 곤줄박이

봉우리 구름이며
대웅전 색바람을
스님과 경작하던
신운사 곤줄박인
영전에 올릴 거라곤
지저귐 그뿐이라

영결식 그날에도
다례제 봉행에도
새끼들 주둥이에
애벌레 물려가며
절마당 흥건하도록
지저귐 올리더라

턱시도고양이

유연한 네 몸은 쏟아지지 않는 액체

지붕을 올라가도 뒷말이 묻지 않고

쫙 펼친 수염으로는 이치를 읽고 있어

딴소리 흘리지 않는 살폿한 발자국은

깊은 눈밭 걸어도 흩어지지 않으며

나설 때 기다릴 때를 마름할 줄 다 알아

디스크 탈출

난 요 며칠 동안 고장 난 오디오예요
탈출한 디스크 신경 줄 긁는 소음에
잔잔한 봄의 스프링 어슬렁거리고만 있죠

보조기억 장치요? 주기억 장치예요
불안정한 환경을 감지한 하드 디스크
정지는 생활도미노를 가차 없이 걷어찼죠

그렝이 공법으로 정밀하게 건축한
구조물 척추에 디스크가 핵이에요
여태껏 엄마 작품을 갉아 먹으며 왔네요

가상 분리대

축 늘어진 뱃살 도도한 고양이와

담쟁이 팽팽한 골목 빨간 하이힐이

가상의
분리대 넘어
아슬아슬 교차한다

사람은 걸으며 무슨 생각 한다지

무얼 궁리하며 걸어갈까 고양이는

저녁이
던진 질문에
밥을 찾으러 간다

껍데기 특수부위

식욕이 휩쓸고 간 만찬상 치우다가

푹 익은 배추김치 두둑한 배짱, 테두리만 남은 화덕 피자 자존심, 종지 복판에 퍼진 초고추장 넉살, 접시에 흥건한 샐러드 소스 밀착, 처참하게 발린 고등어 대가리 집념, 밥알 사이 툭 터진 철갑상어알 허탈, 석쇠 귀퉁이에 바짝 탄 삼겹살 끈기, 속 발린 바닷가재 집게발 붉은 유혹, 벗겨지고 찌그러진 양재기 습관, 지문으로 얼룩진 위스키 잔 터득, 무기력한 발에 걸리는 빈 소주병 허풍, 코르크 마개 둥둥 뜬 와인병 안도, 막걸리 흘리는 주전자 코 혼돈, 리넨으로 훔치는 유리병 입술 이탈, 엇갈려 널브러진 젓가락 오지랖, 고기 자르다 엉킨 나이프 포크 각도, 껍데기나 특수부위나 불공평으로 공평한

만찬상 휩쓸어버린 식욕을 경배하다

| 해설 |

구부러짐의 시학

신상조(문학평론가)

| 해설 |

구부러짐의 시학

신상조(문학평론가)

1.

호메로스와 엠페도클레스 사이에는 어떤 공통점이 있을까? 이들 사이에는 운율이라는 공통점이 있다. 하지만 루카치에 따르면 전자는 시인, 후자는 생리학자라 불린다. 그는 좀 더 정확히 말해서 운율의 법칙에 따라 만들어졌다고 해서 모든 작품이 시를 품고 있는 것은 아니라고 말한다. 글로 써지지 않은 시도 있고, 아름다운 풍경이나 사람 혹은 사건이 시편으로 써지지 않고도 충분히 시적인 경우가 있다. 수사학적 메커니즘, 즉 시편의 연과 운율, 각운이 시의 세례를 받을 때만 하나의 작품으로 출현한다는 루카치의 시론은 4음보 3행의 율격과 종장 첫 음보의 자수가 반드시 3자여야 하는 형식을 불변으로 하는 현대시조가 새삼 귀 기울여야 할 대목이다. 우리는 전해오는 시조의 정형성에 시인이 수동적으로 기대면서 거기서 어떻게 시적 흐름을 능동적으로 유도하거나 변형하는지, 또한 "형식이 가장 강력하고 영속적인 표현을 위한 지름길이자 가장 간단한 방식이라는 사실"을 확인하기 위해 시조를 읽는다고 해도 과언이 아니다. 형식을 속박과 장애물로 여기는 시인과 달리 어떤 시인들은 형식을 위해 무언가를 희생하지만, 시를 포기하지 않으므로 궁극적으로는 아무것도 포기하지 않는다. 그렇다면 김양희의 시는 우리의 기대를 충족시켜줄 것인가? 서둘러 답하자면, 이 질문에 대한 시인의 화답은 아름답고도 명쾌하다.

『제라하게』는 김양희 시인의 두 번째 시조집이다. 첫 번째 시조집 『넌 무작정 온다』(2020, 고요아침)의 해설에서 유성호 교수는 김양희 시의 특징을 한마디로 "기원과 타자를 사유하는 시선"이라고 짚는다. '기원'이 지나간 시간에 대한 각별한 회상에서 비롯하는 예술이라면, '타자'는 주변적 존재자, 잊힐 법한 사물들을 통한 현재적 삶의 형상화다. 자신의 근원적 기억과 주변 사물들을 동시에 꿰뚫던 시선으로 꾸려졌던 첫 번째 시조집에 이어, 이번 시조집에서 그의 시는 삶을 통해 진실을 추구하는 방식이 일상적 삶에 더욱 밀착된 형태로 드러난다. "시는 하루토록 세 끼를 먹고 사는 단순한 생존의 단편 속에서 꾸며지는 것은 아니다. 시는 생애토록 꿈을 꾸고 사는 보람찬 생활의 장편 속에서 빚어지는 것이다."라는 문장의 의미가 김양희의 시에서만큼 적절히 빛나기도 힘들겠다. 이는 산다는 의미와 시적인 의미, 삶에 쏟아붓는 신념과 시에 담아내는 신념이 겉돌지 않고 유기적인 데서 오는 감동이다. 시인은 산다는 의미를 "구부러진 터널은 끝을 보여주지 않는다."('시인의 말')라는 말로 대신한다. "동시대 타자들의 가파른 삶을 관찰하고 묘사하면서, 시조 양식에 대한 섬세한 자의식을 드러"내던 그의 시가 이번 시조집에서는 '구부러짐'의 미학으로 삶의 본질에 한층 접근한 셈이다.

    다음으로 이번 시조집의 많은 장면 속에서 출현하는 주제는 '발견'과 '깨달음'이다. 시인은 서정시의 통과의례와도 같은 회상과 기억이라는 시의 질료에서 벗어나 이제 창작의 궤도에 본격적으로 올라선 것으로 보인다. 어린 시절의 기억은 어른의 시간에 흔적을 남긴다. 그리고 어떤 어른은 그것을 길고 지루하게 이야기하지 않고 다른 세계로 건너가 말과 표현을 달리한다. 요컨대 김양희의 글쓰기는 읽고 있던 책을 잠시 밀어두고 또 다른 책을 읽기 시작하는, 그리고 그런 행위를 반복하는 왕성한 독서열讀書熱을 가진 서가의 주인을 닮았다. 몰입한 세계에서 빠져나와 다른 세계로 몰입하기를 반복하는 서가의 주인에게 읽는 책의 목록과 순서는 정확하지도 않고 정확할 필요도 없다. 다만 그는 손을 뻗어 임의의 책을 한 권 집어 들고 한두 페이지를 읽는다. 그리고 중단하여 글을 쓰다가 설레는 마음으로 다른 책을 집어 들어 펼친 후 맹렬하게 다시 읽는다. 이때 그가 읽는 책은 자신의 감각과 감수성을 자극하는 온갖 시적 대상들이다. 이는 시인이 시 쓰는 재미에 그야말로 '들려'서, 사방천지에서 출현하는 시적 영감靈感을 받아적기만 도 숨이 차다는 의미다.

2

김양희의 시는 우리를 둘러싼 사물과 상황을 사유함으로써 삶의 의미를 추구한다. 시인은 일찍이 타자의 고통에 대한 호혜적 연민의 시선과 오도된 욕망을 하나씩 허묾으로써 보다 나은 공존의 원리를 모색해 나간 바 있다. 타자의 고통을 연민하는 시선은 단순한 수사가 될 수 없다. 혹자의 지적처럼, 어둠은 그냥 어두운 것이 아니다. 캄캄한 것과 컴컴한 것이 다르고, 깜깜한 것과 껌껌한 것이 "모두" 다르다. 하지만 고통과 부정은 '권능화empowering'이며, 여기엔 의지에 기인한 강력한 힘이 존재한다고 말한 이는 브라이언 마수미다. 마수미에게 고통과 희망은 본질적으로 유사하며 고통이 희망보다 더 발전적일 수 있다. 왜냐하면 부정적 순간, 즉 고통을 벗어나기 위해 노력하는 것이 대책 없는 희망감에 빠진 무력한 상태보다 나아서이다. 「세렝게티」를 읽어보자.

새끼 잃은 누 떼가 느린 바람으로 간다

이따금 응시하는 젖은 눈망울 언뜻

부시다
흰 보복 너머
대자연을 켜는 빛

- 「세렝게티」 전문

 이 시에서 우리가 확인할 수 있는 건 '부정적 삶에의 순응', 즉 상실의 고통을 벗어날 새도 없이 이동해야 하는 누 떼의 힘겨움이다. 새끼를 잃은 고통을 뒤로한 채 나아가야만 하는 누 떼의 느린 걸음에는 우리가 흔히 '자연의 일부'라 치부하는 '의지에 기인한 강력한 힘'이 존재한다. 그 힘이 눈이 부시도록 "흰 보복"에 해당한다는 시인의 사유는 웅숭깊다. 여기에는 새끼를 잃은 누 떼를 향한 단순한 연민과 동정심을 넘어 이들의 고통에 전심으로 동참하는 마음의 깊이가 존재한다. '휜'은 구부러짐을 의미하고, 누 떼의 구부러진 행진은 고통으로부터 삶을 돌이키려는 의지가 빚어내는 구부림이기 때문이다. 그런즉 지금 누 떼는 삶의 지속이 '복수'에 다름 아닌 처절함으로 캄캄한 터널을 통과하는 중이다. 자연을 가로지르는 누 떼의 모습이

"대자연을 켜는 빛"이라는 인식에는 이들의 고통을 바라보며 기도하듯 경건하게 그 고통의 승화를 예찬하는 시인의 마음이 담겨 있다.

누 떼가 걷는 방향이 휘어 있음은 터널이 굽어있다는 말과 통한다. 굽어진 터널은 그 끝이 어디쯤인지를 확인하기 어렵다. 따라서 "구부러진 터널은 끝을 보여주지 않는다."라는 '시인의 말'에서 '끝'은 쉽게 낙관할 수 없는 미래를 가리킨다고 할 수 있다. 이와 맥락을 같이 하는 「아홉사리재」를 읽어보자.

> 옥수수 익는 냄새 산마루에 고인다
>
> 인제와 홍천이 맞닿은 아홉사리재
>
> 이따금 터지는 비꽃 생기가 돋아난다
>
> 발아래 지우는 안개바람 불어오면
>
> 햇살이 밀어 올려 다시 내는 구불길
>
> 고립이 나를 기울여 천천히 따라낸다
>
> 직통에 밀려난 사리사리 고갯길에

퇴직한 가장이 문을 연 천막 카페

별들이 밤마다 내려와 쓸쓸, 을 구부린다

- 「아홉사리재」 전문

시에서 우선 주목할 부분은 다양한 서술형의 활용이다. '고인다, 돋아난다, 따라낸다, 구부린다'의 순서로 이어지는 문장의 서술형 종결만을 따라가노라면 피었다가 시들기 직전인 식물성의 묘한 움직임이 감지된다. 물론 이것은 시에 대한 정확한 이해는 아니다. '고인다'는 옥수수 익는 냄새를 시각화하는 공감각적 심상이고, '돋아난다'는 잠깐 내리는 '비꽃' 덕에 생겨난 추상적 감각인 '생기'를 시각적 심상으로 구체화한 부분이다. '따라낸다'는 어떠한가. 고립된 처지의 '나'가 오히려 고립에 의해 기울여진다고 표현함으로써 시는 주체와 객체를 역전시켜 낯설게 하기를 시도한다. '구부린다'도 마찬가지다. "별들이 밤마다 내려"오는 풍경과 "퇴직한 가장이 문을 연 천막 카페"의 모습이 어우러진 "쓸쓸"한 분위기는, 별들을 인격화하거나 '쓸쓸함'이라는 추상을 '구부린다'로 구체화함으로써 표현의 진부함을 피해 간다. 나아가 각각의 시행에 사용된 기법은 개별적 수사로 끝나지 않고 구불구불하게 이어지는 '아홉사리재'의 고단함을 유기적으로 구성한다. 인제와 홍천의 경계 중 하나인 아홉사리재 고갯길이 "직통에 밀려난" 옛길임은 그의 너무 이른 "퇴직"을, 그 고갯길이 환기하는 '구불구불함'은 가장으로서의 힘겨운 삶을 은유하기 위해 동원된 보조 관념인 것이다.

아홉사리재 고갯길은 높고 험하고 구부러져 있다. 시는 "별들이 밤마다 내려와 쓸쓸, 을 구부린다"라며 마무리된다. 손님이 들지 않는 한적한 카페의 쓸쓸함을 풍경으로만 받아들이는 이는 생계의 고달픔을 모른다. 시인이 퇴직한 사람을 빌미로 희망을 함부로 발설하지 않는 이유란, 시적 대상이 지나는 중인 터널이 끝을 보여주지 않아서다. 세상이라는 소금 언덕에 맨발을 디뎌도 아프지 않은 사람은 상처 없는 발을 가진 이뿐이다. 세상에 그런 사람이 있는가? 김양희 시의 미덕은 희망을 맹목적으로 찬양하지 않는 데 있다. 그의 시는 고통과 절망을 외면하지 않는 가운데 과연 삶이란 무엇인가를 아프게 질문한다. 질문 뒤에 얻은 깨달음은 고통과 희망은 본질적으로 유사하다는 사실이다. 해서 그의 시는 쉽게 희망을 약속하지 않는 만큼, 쉽게 절망하지도 않는다.

3.

절망을 유보하고 희망을 놓지 않는 시는 윤리적이다. 시가 반드시 윤리를 의도하는 건 아니지만, 좋은 시 대부분이 윤리적인 건 사실이다. "시는 윤리적으로 되어야 하고 모든 윤리는 시적으로 되어야 한다."라는 낭만주의의 명제가 시에 적용되는 이유는, 태생적으로 시가 성찰과 반성의 자식이기 때문이다. 예컨대 김양희의 시에서 "손톱 밑 쓰라려도 뽀얗게 까 놔야제"(「부추꽃만 한 자리」)라며 종일 알토란 껍질을 까고 통마늘 껍질을 벗기는 나주댁의 바지런한 태도는 백 마디의 말보다 독자들의 가슴을 뭉클하게 만든다. 또한 "벼와 벼 기둥 되어"서 "된바람을 넘"(「일어서는 법」)기고, "한 무리 산양이 절벽을 건너" 뛸 때 "늙은 등 징검다리" 삼아 "도약"하는 광경은 '나'의 삶과 '너'의 삶이 무관하지 않고, 늙은 당신의 '등'이 지금껏 '나'를 버티게 해준 힘이었음을 느끼게 하기에 충분하다. 미끄러운 유리창에 "앞발로 길을 내고 뒷발은 길 닫으며/유소유 허허벌판을 무소유 뿔 세우고" 가는 "노린재"(「앞발로 뒷발은」)나, "뒤집힌/뻘밭을 차고/일어서는 달랑게"(「달랑게」) 역시 자연이 우리에게 들려주는 삶의 아포리즘이다. 이러한 김양희의 시에서 세상과 자신을 관찰하고 질문하며, 깨달음을 얻어가는 과정의 형식을 드러내는 시가 「코닥 필름이 찍은 섶」이라면, 그 내면적 바탕이 무엇인지를 짐작케 하는 시는 「사람이라고 똑같지 않아」다. 두 작품을 읽어보자.

여든여덟 엄마는 열여덟 그 바다로
테왁도 망사리도 소중이 눈도 없이

밤마다 물질하러 가 소라 전복 찾는다

엄마에게 물질은 바다보다 깊은숨
날마다 찾아내고 또 꿈마다 보아도
큼직한 눈앞의 전복 비창이 닿지 않아

열두 길 들어가니 저승문 분명타는
해녀 노 젓는 소리 파도처럼 부르면
흐리고 삭아 내리다 되살아나는 저 섦

- 「코닥 필름이 찍은 섦」 전문

캐나다 인디언 윈다트 부족 사내들은
사냥감을 쏘기 전 왜 죽이려는지 고해
죽어도 제대로 사는 일 무엇인지 알리지

짐승 잡아먹을 사람이 누구인지
죽이지 않으면 어떤 어려움 겪는지
간곡히 설득하면서 방아쇠를 당기지

고기와 가죽이 꼭 필요한 까닭 알면
목숨을 너그럽게 내놓을 걸 믿고 있어
나 오늘 이 대목 접어 마음에 꽂아두겠어

―「사람이라고 똑같지 않아」 전문

「코닥 필름이 찍은 섨」은 열여덟의 어린 나이에 물질을 시작했던 어머니를 노래하는 작품이다. 그 어머니가 "여든여덟"의 나이로 "밤마다 물질하러" 간다니 이는 실제가 아니라 꿈을 이야기하는 것이리라. "날마다 찾아내고 또 꿈마다 보아도/큼직한 눈앞의 전복 비창이 닿지 않"는다는 건 어머니의 과거가 매일 밤 악몽으로 찾아올 만큼 차가운 현실이었음을 알려주는 대목이다. 생선을 팔러 나간 어머니의 손끝에 "속절없이" 닿지 않던 박재삼 시의 "은전"처럼, 시에서도 전복 비창은 물질하는 어머니의 손에 도무지 닿지 않는다. 바닷속으로 "열두 길 들어가니 저승문"이 코앞인 듯싶던 한스러운 삶, 아니 섨을 꾸는 꿈이다.

시에서의 '섨'은 사전 어디에도 나오지 않는 시인만의 개인 방언이다. 우리말은 명사형을 만들 때 용언 어간에 'ㄹ' 받침이 있는 경우 거기에 'ㅁ'을 더한다. 가령 '살다'의 명사형은 '삶'이다. 그런 방식대로 이 개인적 방언이 만들어졌다면 "섨"은 '섨다'를 표준어로 하는 '설다'에서 왔을 가능성이 크다. 한편으로 '섨'의 소리는 [섬]이기도 하므로, '섨'이라는 개인적 방언에서 환기되는 건 어머니가 살아온 '섬에서의 섦은 삶'이다. 시의 주석에 의하면 "해녀 노 젓는 소리"는 제주도 무형문화재 1호다. 소리에 투영된 어머니의 삶을 "코닥 필름이 찍"음은 청각을 시각으로 전이

하는 방식이다. 감각의 전이와 어소語素를 활용한 개인적 방언 등은 제주의 풍경에 존재적 삶의 비의를 겹쳐놓는 김양희 시의 한 형식이라 할 것이다. 그리고 이러한 시적 외면의 내면이라고 할 시인 의식은, 「사람이라고 똑같지 않아」에서 짐승을 설득하는 "캐나다 인디언 윈다트 부족 사내들"의 의식과 일치한다. 이들은 사냥감인 짐승에게 자신들이 고기가 필요한 이유를 간곡히 설득하면 그들이 "목숨을 너그럽게 내놓을 걸 믿고 있"다. 시인은 아예 "나 오늘 이 대목 접어 마음에 꽂아두겠어"라고 고백함으로써 '말'에 대한 전적인 신뢰를 드러낸다. 더불어 「제라하게」에서 언어는 앞선 "해녀 노 젓는 소리"와 마찬가지로 생생한 구음('목소리')과 입말의 형태로 드러난다.

어머니 오늘도 책 하영 읽었수광

오게 우리 딸 시집도 읽고 성경책도 읽었쩌 니네 키우멍 덮어놨던 책 보젠허난 눈도 아프곡 머리도 지끈거리곡 오죽 곱곱헌 말이가 경허여도 읽엄시난 재미정 소리내멍 읽엄쩌 소리내영 읽다보민 나 말고 꼭 누게 이신 거 닮아 당신 목소리에 당신이 기대어 사시는구나, 책 읽으멍 하영 배왐쩌께 남헌티 더 잘 허여사켜 엉턱도 부리지 말곡 이 나이에 무신 부릴 엉턱이나 이시냐마는

책 보멍 제라하게 좋은 건 시간이 어떵 감신지 몰람쩌

- 「제라하게」 전문

"당신 목소리에 당신이 기대어" 산다는 의미는 존재자를 존재케 만드는 궁극의 조건으로서의 언어를 가리킨다. 읽다 보면 재미나고, 재미나서 소리 내어 읽다 보면 '나 말고 꼭 누군가 곁에 있어' 읽어주는 것 같다고 어머니는 말한다. 어머니의 말을 받아쓰기한 시는 시인 삶의 경험적 깊이와 무관하지 않다. 무엇보다 시에서의 '읽기'는 시각에서 청각으로, 청각에서 영혼 깊은 곳으로 스며든다. 이때 시인이 제시한 언어는 살갑고 감칠맛 나는 입말이자 구음으로서의 방언이다. 시인은 제주도 한림에서 나고 자랐다. 그런 시인이 첫 번째 시조집에서 고향 방언을 전혀 다루지 않았음은 특이하다기보다 그가 손쉬운 소재주의로 기울지 않는 시인임을 짐작게 하는 대목이다. 시조집 제목인 '제라하게'는 '최고로', '제대로'라는 뜻의 제주 방언이다. 시인은 이제야말로 고향의 방언을 최고로, 혹은 제대로 형상화할 수 있다는 자신이 생긴 거다. 과연 시에서의 방언은 제주 특유의 삶의 감각을 빚어내는 동시에, 어머니의 일상을 심화된 형태로 빼어나게 형상화한다.

4.

소리 내 책을 읽는 걸로 위로받는 어머니(「제라하게」), "남은 말로도 살기에 충분하다"(「이 질량으로 충분하다」)며 만족해하는 화자, "참새와도 말"을 트고, 독일어 한 자도 모르지만 "전 세계 아줌마들"과 "다 통"(「왈」)한다며 언어에 기대 사는 "베를린 미용실"의 '나'의 삶은 행복이 삶의 조건과 무관하다는 점에서 레바논의 '레 체드레'에서 살아가는 사람들을 닮았다. 이곳은 수도사들보다 훨씬 더 엄격하게 생활하는 은수자隱修者들이 거주하는 곳이다. 레 체드레 입구에는 아랍어로 이곳에 들어왔던 사람들의 이름과 사망일이 기록되어 있는데, 사망일은 은수자들이 레 체드레에 들어온 날을 기록한 것이라고 한다. 그들은 레 체드레 이전의 삶에 사망을 선언함으로써 새로운 생명으로 거듭나기를 선택한다. 그런 은수자들은 '행복은 상태가 아니라 태도다'란 격언을 선택한 사람들이다. 그리고 김양희 시의 인물들 역시 그러하다.

    눈도 코도 입도 귀도 없는 아이와
    눈도 코도 혀도 귀도 없는 파랑새

    이래도
    우린 괜찮아
    알아볼 수 있잖아

갈아엎은 활주로 밟고 핀 무꽃무리
전장에 스러져 간 평화를 세우면서

그래도
우린 괜찮아
이 세상에 서 있잖아

─「알뜨르비행장」전문

　4·3 유적지 광장을 찾으면 나오는 알뜨르비행장은 서귀포시 대정읍 상모리 일대에 위치한 옛 비행장으로, 현지 지명을 따서 모슬포비행장이라고도 불린다. 근현대사 속 제주의 비극을 한눈에 조망할 수 있는 이곳은, '아랫쪽'을 뜻하는 제주 방언 '알'과 '넓은 들판'을 뜻하는 제주 방언 '드르'가 합쳐져 제주도 아래쪽에 있는 넓은 들판이라는 뜻을 가졌다. 원래 알뜨르비행장은 일본이 중국을 침략하기 위해 만들었던 군용비행장이다. 건설 당시 모슬포는 물론 제주 전역에서 강제로 동원된 약 15만 명에 달하는 조선인들의 피가 10여 년에 걸쳐 뿌려진 곳이기도 하다. 시인은 이 알뜨르비행장을 배경으로 "눈도 코도 입도 귀도 없는 아이와/눈도 코도 혀도 귀도 없는 파랑새"를 일제에 강제 동원되어 희생되었거나 4·3 때 학살당한 제주도민들의 표상으

로 세운다. 아이와 파랑새는 눈, 코, 입, 귀, 혀까지 모조리 허물어져 있다. 이들은 아무리 봐도 육신을 가진 존재가 아니라 이승을 떠도는 혼백의 모습이다. 과연 "갈아엎은 활주로" 위에 핀 흰 무꽃 무더기가 망자들의 넋인 마냥 흔들리고 있는 모습은 아프도록 처연하다. 시를 쓰는 일이 상상력을 매개로 사물을 새롭게 인식하는 일이라면, 김양희 시에서의 저 흰 무꽃 무더기는 역사의 수레바퀴 아래 짓이겨진 제주의 수많은 원혼이다.

시인과 동향同鄕인 화가 강요배는 〈제주 민중 항쟁사〉 연작을 그린 후, '4·3을 그리며'라는 산문에서 자신의 작업을 이렇게 설명한다. "그것은 마치 한차례의 수확이 끝나면 그 밭을 다시 일구어 씨를 뿌리는 일과도 흡사하다." 제주의 고통이 고스란히 남아 있는 현장에서 전쟁으로 인해 스러져간 평화가 다시 세워지기를 기원하는 시인의 역사의식이 '그래도'라는 부사어를 조건으로 하는 이유가 그래서이다. "그래도/우린 괜찮아"에서 '그래도'는 뒤 문장의 내용이 앞 문장의 '이래도'를 양보한 사실과는 상관이 없음을 나타내는 접속 부사다. '상관이 없음'을 설명하는 역사적 사건들이 현재도 도무지 상관이 없을 수 없다는 점에서 '그래도'는 역설이다. 이는 '상관이 없음'에 초점을 맞추지 않고 '비록 사실이 그러하더라도'를 뒤따르는 '-하겠다'란 의지에 무게가 실리는 특별한 의미의 시어다. 다시 말해 "이 세상에 서 있"다는 말은 '이 세상에 서 있어야 한다'

는 당위를 강조함이다.

'그래도'는 김양희 시의 태도를 선명하게 드러내는 단어다. '그래도'는 사각의 링 위에서 KO패 당하기 직전의 권투 선수가 이를 악물고 일어서며 피범벅이 된 입술로 뱉는 말이다.

    미처 글러브도 없이 특설 링에 세워진
    나는 누구인가 여긴 또 어디인가
    세상은 해답 대신에 주먹부터 날린다

    젠장, 이런 라운드 오르려고 올랐어
    푸넘이듯 잽잽 항전이듯 어퍼컷
    한 방에 때려눕히란 턱도 없는 주문을

    사각의 링이면 벌써 누워 버렸지
    몇 방 들어오고 멕이는 거 별거 아냐
    흰 수건 내던지지 마 끝까지 가 보겠어

                           -「고집의 끝」 전문

"글러브도 없이" 특설 링에 선 존재는 부조리하게 세상에 내던져진 존재 일반을 대신한다. 일방적이고 부득이하게 링에 오른 존재는 어리둥절한 상태로 "나는 누구인가 여긴 또 어디인가"를 질문하지만, "세상은 해답 대신에 주먹부터 날린다." 이 부조리한 상황에서 존재는 피투성이가 될지언정 결코 "수건"을 던지며 적에게 등을 보이지 않는다. 이 부조리한 싸움에 처한 복서가 생각기로, 인생은 한번 대자로 누워버려도 그만인 "사각의 링"이 아니다. 죽을힘을 다해 "끝까지 가 보"는 것, 이 막무가내식의 미련하고 끈질긴 호전력好戰力이야말로 글러브도 없이 링에 오른 선수의 유일한 기술이라고 시인은 주장하는듯하다. 요컨대 앞서 누 떼가 통과하는 길의 '끝'이 낙관하기 어려운 미래를 가리키는 반면, 「고집의 끝」에 사용된 '끝'이 함의하는 건 항전을 포기하지 않겠다는 뜨거운 의지다. 전자가 시적 대상을 통해 세계를 바라보는 시인의 시선이라면, 후자는 시적 주체로서 세계를 온몸으로 통과하는 시인의 자세다. 전자는 삶을 관조하고 후자는 삶을 체험한다.

결과적으로 김양희 시의 '구부러짐'은 양가적兩價的이다. '구부러진 터널'의 입구 쪽에 서 있는 사람은 터널의 출구가 보이지 않는다. 뒤집어 말하면 터널의 구부러진 부분을 통과해 저쪽에서 이쪽으로 걸어온 사람의 눈에는 뒤돌아본대도 자신이 캄캄하게 걸어온 길이 가려진 법이다. 구부러짐의 다른 말은 출구고, 끝의 반대말도 끝이다. 힘겹게 길을 걸어온 사람의 눈에 환한 빛으로 가득한 출구('끝')가 보인다. 그는 구부러진 터널의 모퉁이를 돌아 이제 막, 새로운 국면에 접어든 것이다. 그런데 이는 혹 김양희의 시를 예감케 하는 증거는 아닐까? 우리는 지금 찬란하게 발화하며 시작詩作, 始作하는 현장을 보고 있으니……

* '서가의 주인'과 관련한 이미지는 배수아의 산문 『작별들 순간들』에서 빌려 변용함.